BUKU GITAR DIET BERASASKAN TUMBUHAN

100 resipi mudah dan lazat untuk pemula dalam diet berasaskan tumbuhan

Hajjah Saadiah binti Shamsudin

© HAK CIPTA 2022 SEMUA HAK TERPELIHARA Dokumen ini bertujuan untuk menyediakan maklumat yang tepat dan boleh dipercayai mengenai perkara dan isu yang ditangani. Penerbitan itu dijual dengan pemahaman bahawa penerbit tidak bertanggungjawab untuk menyediakan perkhidmatan perakaunan, sewajarnya atau sebaliknya. Jika nasihat undang-undang atau profesional diperlukan, seorang profesional perlu dicari.

Sama sekali tidak dibenarkan untuk mengeluarkan semula, menduplikasi atau menghantar mana-mana bahagian dokumen ini, sama ada melalui cara elektronik atau dalam bentuk bercetak. Rakaman penerbitan ini adalah dilarang sama sekali dan sebarang penyimpanan dokumen ini dibenarkan tanpa kebenaran bertulis daripada penerbit. Hak cipta terpelihara.

Penafian Amaran, maklumat dalam buku ini adalah benar dan lengkap sepanjang pengetahuan kami. Semua cadangan dibuat tanpa jaminan oleh pengarang atau penerbitan cerita. Pengarang dan penerbit menafikan sebarang liabiliti berkaitan dengan penggunaan maklumat ini

kandungan

PENGENALAN 8

RESEPI SARAPAN 10

   1. Jem raspberi atau blueberry campuran sejuk 10

   2. Ringlotten shake dengan biji rami 11

   3. Herba shake 12

   4. Coconut Shake 14

   5. Pisang Nutella Shake 15

   6. Vitamin shake 16

   7. Susu soya dengan nanas segar 17

   8. Smoothie dengan strawberi dan bayam 18

   9. Roti Bakar Avokado Frankenstein 19

   10. Mangkuk Oat yang Pantas dan Mudah untuk Sarapan Pagi 20

   11. Roti Bakar Mentega Badam Blueberry Ubi Manis 22

   12. Smoothie tropika dalam mangkuk 24

   13. Oatmeal berperisa dengan sayur-sayuran 25

   14. Oatmeal dengan labu dan rempah ratus 27

   15. Mangkuk Smoothie Spring 29

   16. Bubur vegan dengan strawberi 31

   17. Bubur vegan Tsampa 32

   18. Wafel dengan sos epal dan badam 33

19. Muesli daripada kepingan ejaan vanila dengan pisang dan raspberi.. 34

20. Puding beras vanila dengan epal dan kayu manis.............. 35

RESEPI PENJERAHAN... 37

21. Pencuci mulut semolina oren kukus................................... 37

22. Pencuci mulut raspberi dengan krim keju negara 38

23. Aprikot bakar dengan buih periuk 40

24. Sayur adas kukus... 41

25. Pencuci mulut cepat dengan epal...................................... 42

26. Pencuci mulut puding walnut 44

27. Ladu dadih dengan sos strawberi 46

28. Kerepek dengan epal 48

29. Memupuk pisang 49

30. Makanan super dalam biskut coklat.................................. 50

31. Aiskrim Coklat Vegan 52

32. coklat mousse dengan 4 bahan 53

33. Pai Lemon Beku Nanas Segar.. 54

kranberi.. 54

34. Aiskrim coklat 56

35. Ais krim dengan mentega kacang dan jeli 58

36. Krim vegan 60

37. Bubur vegan Tsampa 61

38. Lempeng raspberi vegan.. 63

39. Nasi santan dengan kiwi dan pisang................................. 64

40. Pisang bakar yang rangup 66
RESEPI KUDAPAN 67
41. Lidi roti dan keju 67
42. Gulung goreng 68
43. Burger Turki dan timun 70
44. Tortilla udang dan articok 72
45. Sandwic kelab dengan periuk herba 74
46. Gulung Strudel dengan ubi keledek 75
47. Snek dengan epal dan lobak merah 76
48. Kerepek paprika 78
49. Roti bakar vegetarian 79
50. Kerepek kentang goreng 80
51. Sos epal merah dan ubi bit 81
52. Lampu epal "Halloween". 82
53. Roti Bakar Mentega Badam Ubi Manis 83
dan beri biru 83
54. Roti Bakar Avokado 85
55. Bar Oatmeal Labu 87
56. Oatmeal dan Kuki Epal 88
57. Minisandía yang lazat 90
58. Kacang ayam goreng 92
59. Wafel dengan sos epal dan badam 94
60. Tembikai sejuk ais pada sebatang 95
RESEPI SUP 96

61. Sup krim berangan 96
62. Kubis merah berkrim dan sup epal 97
63. Tafelspitz dengan sos buah sawi 99
64. Sup akar putih berkrim 101
65. Sup selada air 102
66. Sup kentang dan kohlrabi 104
67. Sup bayam dan tauhu 106
68. Sup buih bit merah 107
69. Sup sayur-sayuran tanpa natrium 108
70. Sup epal-lobak merah-halia 110

RESEPI SOS 112

71. Gnocchi dengan sos tomato dan basil 112
72. Sos barbeku 113
73. Sos herba sejuk 115
74. Kentang goreng dengan sos hijau 117
75. Blitz Sos Tomato 118
76. Sos labu 120
77. Sos paprika buah 122
78. Sos tomato dengan sayur-sayuran 124
79. Sos tomato Sepanyol 126
80. Labu Pedas dan Sambal Kelapa 128
81. Sos epal merah dan bit 130
82. Blueberry dan sos oren 132
83. Sos beri biru 133

84. Jem tomato pedas 134

85. Sos tartar vegan 136

STESEN DAN SANGAT UTAMA 138

86. Brokoli Burrito 138

87. Terung dan cendawan dengan hazelnut 139

88. Fettuccine dengan brokoli dan kacang pain 141

89. Doh pizza dengan gandum utuh dan hitam 142

90. Bawang Putih Bayam 144

91. keledek! 146

92. Kentang tumbuk bersama bawang putih 148

93. Kentang Bakar Sumbat 149

94. Nasi kari 151

95. Kentang tumbuk 153

96. Pengisian tradisional 154

97. Pengisian Quinoa Pilaf 155

98. Kaserol Bayam dan Sayuran Pantas 157

99. Nasi ejaan dan rebusan lobak merah 158

100. Kari kentang hijau dengan kacang 160

KESIMPULAN 161

PENGENALAN

Diet berasaskan tumbuhan, yang dikenali sebagai diet berasaskan tumbuhan, mendakwa bahawa makanan harus menumpukan pada kualiti makanan tumbuhan, menjadikannya mungkin untuk mengambil kesempatan daripadanya dan mengurangkan penggunaan makanan haiwan tanpa perlu menghapuskannya sepenuhnya daripada makanan.

Diet ini termasuk bukan sahaja buah-buahan dan sayur-sayuran, tetapi juga kacang, biji, minyak, bijirin penuh (kekacang seperti bijirin, kacang, lentil, kacang, dll.) dan sayur-sayuran, sentiasa memilih versi bijirin penuh makanan seperti bijirin atau bijirin. , contohnya nasi atau roti. Ini tidak bermakna anda menjadi vegetarian atau vegan dan tidak pernah makan produk haiwan. Sebaliknya, pilih lebih banyak makanan secara proporsional daripada sumber tumbuhan.

Mengetahui cara makan bermakna mengetahui cara memilih

Kita tahu hari ini bahawa sebahagian besar kesihatan kita bergantung kepada makanan.

Terdapat beberapa pendekatan yang dianggap sihat oleh pihak berkuasa yang paling pelbagai mengenai perkara ini, kedua-dua dalam makanan omnivor dan dalam makanan vegetarian atau vegan - semuanya dengan perhatian sewajarnya untuk memastikan nutrien penting tidak kekurangan.

Strategi praktikal untuk melaksanakan diet pelbagai sayuran:

•   Tingkatkan pengambilan sayur-sayuran anda: Isi separuh daripada pinggan anda dengan sayur-sayuran semasa makan tengahari dan makan malam. Pastikan anda memasukkan banyak warna semasa memilih sayur-sayuran anda. Nikmati sayur-sayuran sebagai snek dengan batang lobak merah, batang timun, tomato ceri dengan hummus atau guacamole, sebagai contoh. Tambah sup ke dalam diet anda dengan kerap sebagai cara untuk menambah bilangan sayur-sayuran. Makan salad selalu: Isi mangkuk dengan sayur-sayuran salad seperti salad, bayam, berasap, selada air dan lain-lain; kemudian masukkan pelbagai jenis sayur-sayuran lain bersama-sama dengan herba segar, kekacang, kacang pea atau tauhu sebagai contoh;

• Pilih lemak yang baik: lemak daripada minyak zaitun, zaitun, kacang (walnut, badam, hazelnut, dll.) dan mentega, biji dan alpukat adalah
pilihan yang sihat terutamanya;

• Masak hidangan vegetarian sekurang-kurangnya satu malam seminggu: Bina makanan ini di sekeliling bijirin penuh, sayur-sayuran dan kekacang;

• Sertakan bijirin penuh dalam sarapan pagi anda: mulakan dengan oat, quinoa atau soba. Kemudian tambahkan beberapa buah atau biji berlemak (bunga matahari, chia, dll.) bersama-sama dengan buah-buahan segar;

• Pilih sayur-sayuran anda dan pelbagaikan: Cuba pelbagai jenis sayur-sayuran berdaun hijau seperti kangkung, chard, bayam dan sayur-sayuran lain setiap hari. Kukus, rebus atau rebus untuk mengekalkan rasa dan nutrien;

• Ubah paradigma: Buah-buahan, sayur-sayuran, ubi, kekacang, bijirin, biji minyak, biji... anjakan "paradigma" ini memerlukan mereka untuk memimpin, kerana ia harus dimakan dalam bentuk yang paling semula jadi, iaitu, lebih lengkap dan sedikit diproses , seperti yang ditunjukkan oleh nama asal diet: Whole Food Plant Based Diet - atau "Diet berdasarkan makanan tumbuhan keseluruhan".

RESEPI SARAPAN

1. Jem raspberi atau blueberry campuran sejuk

bahan-bahan

- Untuk lebih kurang. 4 gelas 200 ml:
- 500 g raspberi atau beri biru
- 250 g gula pasir halus
- 1 biji lemon
- 4 sudu besar air
- 1 sudu teh asid sitrik (sudu parut)
- 1 sudu teh penyediaan agar-agar (sudu parut).

1. Untuk jem campuran raspberi atau blueberry sejuk, perap buah beri dengan gula dan jus lemon dan gaul perlahan dengan pengadun (cangkuk doh) selama kira-kira 30 minit sehingga gula larut sepenuhnya.
2. Campurkan agar-agar dengan air sejuk, biarkan mendidih dengan sedikit pulpa beri, biarkan sejuk sedikit dan masukkan baki jem.
3. Jika dikehendaki, jem boleh ditapis melalui ayak sebelum diisi (kerana inti).
4. Jem boleh disimpan di dalam peti sejuk selama lebih kurang. 2 minggu dan mesti dimakan sebaik sahaja dibuka.

2. Ringlotten shake dengan biji rami

bahan-bahan

- 500 ml susu mentega

- 1 pc. mangga
- 1 genggam keriting
- 2 sudu teh biji rami
- 1 sudu teh penyediaan chia bersama-sama

1. Untuk Ringlotten Shake, kupas mangga dan asingkan pulpa dari inti. Teras cincin pematerian. Ketepikan 2 gelung.
2. Masukkan semua ke dalam pengisar dan gaul rata. Kacau dalam biji chia. Tuangkan ke dalam 2 gelas dan taburkan biji rami. Keluarkan inti dari setiap gelas dan letakkan di atas penyedut minuman, hidangkan dan nikmati.

3. Herba shake

bahan-

bahan

- 150 g herba (pelbagai, cth pasli, daun bawang, pudina, daun bawang)
- 400 ml susu
- 400 ml krim sos gusi
- 2 sudu besar minyak zaitun
- 1 biji limau nipis (perah jus)
- 1 sudu besar cuka balsamic (putih)
- garam
- lada dari pengisar)

latihan

1. Untuk herba shake, mula-mula campurkan semua bahan dengan sebati dalam pengisar. Tuangkan ke dalam gelas sejuk dan hidangkan dengan penyedut minuman.

4. Coconut Shake

bahan-bahan

- 500 ml santan
- 150 g pulpa kelapa (segar, parut)
- sedikit sirap agave
- Kiub ais (atau ais hancur)
- 16 Fizisalis
- Penyediaan ternakan kelapa

2. Untuk coconut shake, masukkan dahulu santan, daging kelapa parut, sedikit sirap agave dan kiub ais secukupnya ke dalam pengisar.

Satukan semuanya pada kelajuan tinggi.
3. Goncang kelapa mengisi balang, taburkan dengan kelapa dan hiaskan setiap satu dengan physalis.

5. Pisang Nutella Shake

bahan-bahan

- 500 ml susu
- 1 pisang
- 1 Nutella
- Sayang

latihan

1. Untuk pisang dan Nutella shake, kupas dahulu pisang, pecahkan menjadi kepingan dan masukkan ke dalam mangkuk adunan.

2. Tuang Nutella dan sedikit susu dan gaulkan semuanya dengan sebati. Kemudian masukkan gula vanila dan baki susu dan gaul rata lagi.
3. Bawa pisang dan Nutella shake ke meja dalam gelas yang tinggi dan sejuk.

6. Vitamin shake

bahan-bahan

- 2 keping kiwi
- 1/2 oren
- 1 keping. pisang
- 200 ml minuman soya
- 1 sudu besar penyediaan chia seed

1. Untuk vitamin shake, potong kiwi separuh, keluarkan pulpa dengan sudu, potong oren dan pisang menjadi kepingan besar, puri dengan minuman soya dan biji chia dalam pengisar.

7. Susu soya dengan nanas segar

bahan-bahan

- 1 1/2 liter air
- 90 g kacang soya (kuning atau putih, pra-rendam selama sekurang-kurangnya 12 jam)
- 120 g nanas (segar)
- 1 sudu besar minyak bunga matahari (ditekan sejuk)
- 90 g penyediaan gula

2. Untuk susu soya nanas segar, rebus semua bahan bersama dalam periuk dan tutup dan biarkan mendidih selama 40 minit.
3. Biarkan sejuk sedikit, pindahkan ke dalam pengadun berdiri dan proses selama 5 minit

sehingga licin. Melepasi penapis. Dan susu soya dengan nanas segar sudah siap.

8. Smoothie dengan strawberi dan bayam

bahan-bahan

- 2 biji pisang
- 400 g strawberi
- 100 ml susu
- 1 sudu besar jus lemon
- 20 g bayam yang disediakan

1. Kupas pisang, basuh strawberi dan buang batangnya.
2. Tumbuk bersama dengan bahan-bahan lain.
3. Tuangkan smoothie ke dalam gelas dan nikmati sejuk atau segera.

9. Roti Bakar Avokado Frankenstein

Bahan

- 4 keping roti wholemeal
- 1 buah alpukat, dibelah dua dan dibiji
- 1 sudu besar jus lemon
- ½ sudu teh serbuk bawang putih
- Secubit garam laut

Bahan hiasan

- 1 helai daun awan atau sehelai daun salad gelap
- Kacang hitam
- Lada merah dihiris
- Pembalut Mexicrema

Persediaan

1. roti dalam pembakar roti atau dalam ketuhar.
2. Semasa roti dibakar, letakkan alpukat dalam mangkuk.
3. Masukkan jus lemon, serbuk bawang putih dan garam dan tumbuk dengan garfu atau tumbuk kentang.
4. Potong daun awan atau salad untuk membentuk rambut.
5. Hiaskan roti bakar Franken dengan membentuk rambut dengan awan atau salad hijau, mata dengan kacang hitam, mulut dengan hirisan lada, dan bingkai muka dengan dressing.

10. Mangkuk Oat yang Pantas dan Mudah untuk Sarapan Pagi

Bahan

- ½ cawan oatmeal cepat
- ½ - ⅔ cawan air suam atau sejuk
- ½ cawan susu berasaskan tumbuhan
- 1 sudu teh serbuk maqui berry atau serbuk acai (pilihan)
- ½ cawan anggur atau beri segar
- pisang (atau pisang keseluruhan jika anda suka)
- KACANG
- benih

Persediaan

1. Satukan oatmeal dan air dalam mangkuk dan biarkan mereka rendam selama beberapa minit.
2. Potong pisang dan anggur atau beri seperti yang dikehendaki dan masukkannya ke dalam oat.
3. Tuangkan susu berasaskan tumbuhan ke atas oat dan buah.
4. Teratas dengan kacang, biji, serbuk maqui berry atau serbuk acai. Saya menggunakan kacang dan biji rami.

11. Roti Bakar Mentega Badam Blueberry Ubi Manis

Bahan

- 1 ubi keledek, dihiris setebal setengah sentimeter
- ¼ cawan mentega badam
- ½ cawan beri biru

Persediaan

- Panaskan ketuhar kepada 350-360°F (177°C).
- Letakkan hirisan ubi keledek di atas kertas parchment. Bakar sehingga empuk, kira-kira 20 minit

- Hidangkan panas, dihiasi dengan mentega kacang dan cranberry. Simpan baki ubi keledek, tanpa sos, dalam bekas kedap udara di dalam peti sejuk sehingga seminggu. Panaskan semula dalam pembakar roti atau ketuhar pembakar roti dan tutup seperti yang diarahkan.

12. Smoothie tropika dalam mangkuk

Bahan

- 2 cawan kepingan mangga beku
- ½ cawan ketulan nanas beku
- 1 pisang beku
- ½ hingga 1 cawan susu berasaskan tumbuhan
- 2 sudu besar walnut cincang pilihan anda
- ¼ cawan buah cincang pilihan anda

Sokongan tambahan

- 1 sudu besar tepung rami
- 1½ sudu teh kelapa parut

Persediaan

1. Masukkan mangga, nanas, pisang dan susu sayuran (1 cawan menjadikan goncang lebih nipis dan $\frac{1}{2}$ cawan menjadikannya lebih pekat) dalam pengisar dan kisar sehingga rata.
2. Masukkan smoothie ke dalam mangkuk dan letakkan di atasnya dengan kacang dan buah.

13. Oatmeal berperisa dengan sayur-sayuran

Bahan

- 4 cawan air
- 2 cawan "potong" oatmeal (oat gulung cepat masak)
- 1 sudu teh rempah Itali
- ½ sudu teh Herbamare atau garam laut
- 1 sudu teh serbuk bawang putih
- 1 sudu kecil serbuk bawang
- ½ cawan yis pemakanan
- ¼ sudu teh serbuk kunyit
- 1½ cawan kangkung atau bayam bayi
- ½ cawan cendawan dihiris
- ¼ cawan lobak merah parut
- ½ cawan lada cincang kecil

Persediaan

- Didihkan air dalam periuk.
- Masukkan oat dan rempah dan turunkan suhu.
- Masak dengan api perlahan tanpa penutup selama 5 hingga 7 minit.
- Masukkan sayur.
- Tutup dan ketepikan selama 2 minit. ☐ Hidangkan segera.

14. Oatmeal dengan labu dan rempah ratus

Bahan

- 2 cawan susu sayuran
- 1 sudu teh rempah pai labu
- 4 kurma tanpa biji
- 2 sudu besar kismis
- 2 cawan puri labu
- 2 cawan oat gulung

Persediaan

1. Campurkan susu, kurma, kismis dan rempah dalam pengisar.

2. Satukan campuran susu dengan puri labu dan oat dalam mangkuk sederhana.
3. Jika adunan sangat pekat, tambah sedikit lagi susu.
4. Tutup dan sejukkan sekurang-kurangnya sejam atau idealnya semalaman.
5. Nikmati panas atau sejuk.

15. Mangkuk Smoothie Spring

bahan*Untuk mangkuk:*

- 1 pisang
- sedikit bunga kobis (ikut suka)
- 125 ml susu badam
- 1 genggam gajus
- 1 pod vanila (pulpa)
- 1 sudu teh kayu manis
- 1 sudu besar madu (pilihan) Di atas:
- 1 sudu besar pistachio
- 1 genggam kacang (walnut, badam)
- 1 genggam serpihan kelapa
- 1/2 genggam bunga (boleh dimakan)
- 1/2 genggam raspberi

- 1 penyediaan buah markisa
1. Untuk memberikan mangkuk konsistensi yang lebih berkrim, bekukan pisang.
2. Tumbuk pisang dan semua bahan lain untuk mangkuk sehingga halus.
3. Kemudian hias mengikut mood anda

16. Bubur vegan dengan strawberi

bahan-bahan

- 3 sudu makan oat
- 1 gelas susu soya (atau oat).
- 1 genggam penyediaan strawberi (atau buah-buahan lain).

1. Pertama, rebus oat dengan susu soya sehingga ia membentuk bubur yang bagus.
2. Jika perlu, tambah susu tambahan. Pada akhirnya, potong buah beri (atau buah-buahan lain yang dikehendaki) dan campurkan dengan kepingan oat.

3. Taburkan bubur dengan serpihan kelapa bakar dan nikmati semasa masih hangat.

17. Bubur vegan Tsampa

bahan-bahan
- 250 ml susu soya
- 2 sudu besar tsampa
- 5 sudu besar serpihan kelapa
- 2 sudu besar sirap agave
- 1 serbuk vanila
- 1 secubit kayu manis
- Penyediaan buah-buahan (pilihan).

1. Didihkan susu soya untuk puri tsampa dan kacau tsampa dengan pemukul.
2. Campurkan serpihan kelapa, biji chia, sirap agave dan rempah ratus. Biarkan mendidih

sekejap, bubur pekat elok selepas beberapa lama.
3. Potong buah segar (buah tin dan plum) menjadi kepingan kecil dan lipatkannya ke dalam bubur hangat.
4. Rasa bubur Tsampa paling sedap apabila dinikmati hangat!

18. Wafel dengan sos epal dan badam

bahan-bahan
- 100 g serpihan oat
- 50 g tepung (seluruh ejaan)
- 10 g biji chia
- 3 g natrium bikarbonat
- 25 g gula birch
- 50 g mentega badam

- 100 g sos epal
- 1 pc. Lemon (organik, kulit parut dan 1 sudu teh jus)
- 50ml susu badam (atau susu berasaskan tumbuhan lain, lebih banyak jika perlu)

latihan

1. Masukkan bahan kering ke dalam pengisar wafel badam sos epal dan kisar sehingga dikisar halus.
2. Campurkan bersama sos epal, jus lemon, kulit limau, mentega badam dan susu badam. Perlahan-lahan masukkan adunan ini ke dalam bahan kering dan gaulkan dengan pengadun tangan. Jika perlu, tambah sedikit susu badam dan perasakan dengan gula birch. Biarkan doh berehat selama 10 minit.
3. Sementara itu, panaskan seterika wafel dan, jika perlu, griskannya.
4. Letakkan 1 sudu besar doh di tengah-tengah wafel, tutup dan bakar wafel dengan sos epal dan badam selama kira-kira 2 minit.

19. Muesli daripada kepingan ejaan vanila dengan pisang dan raspberi

bahan-bahan
- 1 sudu besar biji chia
- 1 sudu besar biji rami
- 5 sudu besar kepingan ejaan
- 1 sudu teh kayu manis
- 2-3 sudu besar yogurt soya (vanila)
- 180 ml susu badam
- 1/2 biji pisang
- 1 genggam raspberi
- 1 sudu besar tepung ejaan
- 1 genggam batang badam

latihan
1. Muesli dengan kepingan ejaan vanila dengan pisang dan raspberi, potong pisang separuh dan potong menjadi kepingan nipis.
2. Campurkan chia dan biji rami, kepingan ejaan, dedak ejaan, kayu manis, batang badam dengan susu badam dan yogurt soya. Akhir sekali, masukkan kepingan pisang dan raspberi.
3. Jika perlu, tambah sedikit susu atau yogurt dan letakkan pisang dan muesli ejaan vanila raspberi di dalam peti sejuk untuk melembutkan semalaman.

20. Puding beras vanila dengan epal dan kayu manis

bahan-bahan
- 1 cawan beras (biji bulat)
- 4 gelas susu soya (rasa vanila)
- 1 genggam kismis
- 1 epal
- Penyediaan kayu manis (secukup rasa).

1. Reneh beras dengan susu soya, kayu manis (secukup rasa) dan kismis sehingga biji beras lembut dan konsistensinya bagus dan berkrim. Campur lagi dan lagi!
2. Sementara itu, hiris nipis epal.
3. Susun hirisan epal di atas puding nasi hangat, taburkan dengan kayu manis tambahan jika suka dan hidangkan.

RESEPI PENJERAHAN

21. Pencuci mulut semolina oren kukus

bahan-bahan

Untuk semolina:

- 1/2 l susu
- 80 g semolina gandum
- 80 g madu
- 2 sudu kecil agar-agar
- 1 kulit oren (kupas)

4 sudu besar Cointreau untuk lapisan oren:

- 6 biji oren

- 2 sudu besar Cointreau
- 3 sudu teh madu bunga oren
- 2 sudu teh penyediaan agar-agar

1. Untuk pencuci mulut semolina oren, letak semua bahan semolina masa dalam bekas yang tidak berlubang dan gaul rata.
2. Untuk lapisan oren, kupas dan hiris 4 biji oren. Potong fillet menjadi kepingan kecil. Perah baki 2 oren. Campurkan jus oren dan kepingan fillet dengan Cointreau, madu dan agar-agar. Tuang ke dalam bekas kedua tidak berlubang dan gaul rata. Sekarang kukus kedua-duanya pada 100° darjah selama 10 minit. Kemudian keluarkan dan gaul rata lagi.
3. Mula-mula tuangkan semolina ke dalam gelas pencuci mulut dan sapukan lapisan oren di atas. Biarkan pencuci mulut semolina oren berehat di tempat yang sejuk sehingga jisim oren menjadi gel.

22. Pencuci mulut raspberi dengan krim keju negara

bahan-bahan

- 250 g krim keju
- 300 g raspberi
- 2 sudu gula
- 1 lemon (dengan kulit yang tidak dirawat)
- 1/8 l krim
- 30 g kelapa parut
- 1/8 l penyediaan yogurt

1. Untuk pencuci mulut keju krim raspberi, jangan hancurkan raspberi sepenuhnya dan maniskan secukup rasa. Pukul krim sehingga

pekat dan campurkan dengan keju krim, yogurt, serpihan kelapa dan gula.
2. Tuangkan krim mousse raspberi secara bergantian ke dalam gelas dan taburkan dengan keju krim negara dan pencuci mulut raspberi serpihan kelapa.

23. Aprikot bakar dengan buih periuk

bahan-bahan

- 3 sudu besar dadih (20%)
- 10 biji aprikot (besar, padat)
- 2 biji putih telur
- 50 gram gula
- 2 sudu besar walnut yang disediakan

(parut).

1. Untuk aprikot masak, basuh terlebih dahulu aprikot, keringkan, potong dua dan keluarkan lubang. Panaskan ketuhar hingga 200°C dan tutup dulang dengan kertas pembakar.

2. Kemudian perlahan-lahan pukul putih telur dengan gula yang sangat kaku, campurkan dadih hingga rata dan campurkan dengan teliti ke dalam putih telur bersama kacang. Isi bahagian aprikot dengannya dan bakar pada suhu 200 ° C. Dan aprikot au gratin sudah siap.

24. Sayur adas kukus

bahan-bahan

- 2 adas
- Adas hijau
- 2 lobak merah
- 1 batang daun bawang (kecil)
- 2 batang saderi.
- 1 sudu teh jus lemon
- garam
- gula
- 2 pcs. Bawang besar
- 20 g mentega
- 150 ml sup sayur-sayuran

- lada
- 1 sudu teh sup sayur-sayuran
- 150 g penyediaan krim berganda

1. Untuk mencuci adas, suku dan baji akar adas. Letakkan adas kembali untuk hiasan.
2. Bersihkan sayur-sayuran. Potong lobak merah menjadi kepingan tebal 0.5 cm, potong daun bawang menjadi cincin tebal 1 cm, potong saderi menjadi kepingan tebal 0.5 cm. Letakkan sayur-sayuran dalam bekas memasak berlubang dan letakkan adas di atas.
3. Campurkan jus lemon, garam dan gula dan tuangkan ke atas adas. Letakkan bekas memasak di dalam ketuhar dan letakkan bekas pepejal di bawahnya untuk menangkap sup sayur-sayuran (10-12 minit pada 100 °C atau 5-6 minit pada 120°).
4. Potong bawang, tumis dalam mentega dan isi dengan 150 ml sup sayur-sayuran. Perasakan dengan garam, lada sulah dan sup sayur-sayuran. Masukkan krim berganda. Hiaskan sayur adas kukus dengan sayur adas cincang.

25. Pencuci mulut cepat dengan epal

bahan-bahan

- 4 biji epal
- 10-15 pcs. biskut itu
- 5 sudu madu
- kayu manis
- Jus lemon
- 2 sudu besar penyediaan kismis

1. Untuk pencuci mulut epal yang cepat, potong epal nipis dan campurkan dengan gula, kayu manis dan jus lemon. Hancurkan jari secara kasar daripada span.
2. Lapiskan epal, kismis dan anak jari dalam 4 kuali pencuci mulut yang telah digris, isi

dengan 4cl amaretto dan taburkan dengan kayu manis dan gula. Bakar api atas/bawah pada suhu 180 darjah selama 20-25 minit.

26. Pencuci mulut puding walnut

bahan-bahan

- 4 keping. Physalis
- 8 sudu besar walnut (parut atau cincang)
- Sos coklat (untuk hiasan) ☐ Untuk puding:
- 1 paket serbuk puding hazelnut
- 500 ml susu
- 3 sudu gula
- 1 sudu besar walnut yang disediakan (parut halus).

1. Untuk pencuci mulut puding walnut, campurkan dulu walnut dengan serbuk puding. Sediakan

puding kacang hazel mengikut arahan dan tuangkan ke dalam 4 acuan puding kecil.
2. Biarkan ia sejuk dan sejukkan selama beberapa jam. Keluarkan puding dari loyang, taburkan 2 sudu besar walnut, hias dengan sos coklat dan letak 1 physalis di tengah-tengah pencuci mulut puding walnut.

27. Ladu dadih dengan sos strawberi

bahan-bahan

- 250 g kuark
- 2 sudu madu
- Serbuk-serbuk
- 250 g strawberi (beku)
- 1 paket penyediaan gula vanila

1. Untuk Ladu Dadih dengan Sos Strawberi, sediakan ladu dadih dahulu. Untuk melakukan ini, uli telur, kuark dan gula bersama-sama. Biarkan ia berehat selama 10 minit dan kemudian biarkan ia curam dalam air mendidih perlahan-lahan selama 7-10 minit.

2. Pada masa yang sama, masukkan gula dan serbuk roti dan sedikit mentega ke dalam kuali dan goreng. Canai ladu dadih yang telah siap dalam adunan gula hancur.
3. Untuk sos strawberi, cairkan strawberi beku dan air dalam ketuhar gelombang mikro dan tambah gula vanila. Kemudian gaulkan dengan pengisar tangan dan perasakan secukup rasa. Hidangkan ladu keju dengan sos strawberi.

28. Kerepek dengan epal

bahan-bahan

- Buah epal

latihan

1. Untuk kerepek epal, basuh epal, keluarkan inti dengan pemisah dan kemudian potong menjadi kepingan setebal 1.5mm dengan penghiris.
2. Letakkan kepingan epal nipis dalam dehidrator dan keringkan. Balik sekali di antara. Goreng sehingga kerepek epal elok dan rangup.
3. Bergantung pada dehidrator, ini mengambil masa kira-kira 2-3 jam.

29. Memupuk pisang

bahan-bahan

- 2 sudu besar kismis
- 50 ml rum
- 2 sudu besar daun badam
- 4 biji pisang
- 1/2 biji lemon (jus)
- 75 gram gula
- 1 sudu teh mentega
- 1/4 sudu teh penyediaan kayu manis

1. Campurkan kismis dengan rum dan biarkan selama kira-kira 30 minit.

2. Bakar sedikit badam yang telah dihiris dalam kuali kering tanpa lemak. Kupas pisang dan potong separuh memanjang. Berus segera dengan jus lemon.
3. Cairkan gula dan mentega dalam kuali besar dengan api perlahan. Masukkan pisang dan goreng sekejap, putar sekali. Masukkan kismis dan rum dan perasakan pisang dengan kayu manis.
4. Biarkan mendidih sehingga gula larut. Susun pisang dan taburkan badam serpih.
5. Hidangkan Bananas Foster semasa masih panas.

30. Makanan super dalam biskut coklat

Bahan

- ½ cawan mentega kacang
- ½ cawan susu soya
- 8 kurma Medjool
- 1 cawan tepung badam
- 1 cawan oatmeal
- 1 cawan oatmeal
- ¼ cawan biji rami yang dikisar
- ½ cawan beri goji
- ½ cawan biji koko
- 1 pisang masak
- 1 sudu kecil vanila

Persediaan

1. Masukkan semua bahan dalam pemproses makanan dan gaul sehingga sebati.
2. Letakkan sesudu adunan pada helai biskut yang dialas dengan kertas parchment.
3. Gunakan helaian kertas parchment yang lain untuk menekan adunan ke bawah.
4. Bakar selama 20 minit pada suhu 350°F (176°C).

31. Aiskrim Coklat Vegan

Bahan

- 3 biji pisang beku
- $\frac{1}{4}$ cawan susu badam tanpa gula
- 3 sudu besar koko atau serbuk koko
- $\frac{1}{4}$-$\frac{1}{2}$ sudu teh kayu manis tanah (pilihan)

Persediaan

1. Letakkan pisang beku dan susu badam dalam pemproses makanan atau pengisar.
2. Proses dengan baik sehingga sutera.
3. Masukkan koko dan kayu manis.
4. Proses sehingga sebati

5. Masukkan aiskrim ke dalam peti sejuk selama 15-20 minit
6. Ambil segera.

32. coklat mousse dengan 4 bahan

Bahan

- 2 tin 12.3 auns tauhu sutera
- 4 sudu besar serbuk koko
- 1 sudu teh vanila
- 1 cawan pes kurma

Persediaan

1. Campurkan tauhu, serbuk koko, pes kurma dan vanila dalam pengisar sehingga bahan-bahan sebati.
2. Sejukkan sebelum dihidangkan dan ia akan menjadi lebih pekat.

33. Pai Lemon Beku Nanas Segar kranberi

Bahan

- ¼ cawan jus lemon segar (kira-kira 2 biji lemon)

- ¼ cawan air
- 1 cawan nanas segar, dicincang
- ¼ sudu teh kulit limau parut
- ¼ cawan beri biru segar, dibilas dan dikeringkan sepenuhnya

Persediaan

1. Masukkan jus segar, air, nanas dan kulit limau parut ke dalam pengisar berkelajuan tinggi. Proseskannya sehingga tiada ketulan yang tinggal.
2. Tuangkan campuran dengan berhati-hati ke dalam bekas pembuat ais krim automatik dan proses mengikut arahan pengilang.
3. Tambah beri segar selama 10 minit terakhir. Nikmati segera atau biarkan ia mengeras lagi di dalam peti sejuk selama sejam atau lebih.

34. Aiskrim coklat

Bahan

- 2 cawan susu tanpa tenusu
- ¾ cawan sirap maple tulen
- 1 sudu besar ekstrak vanila tulen
- ⅓ cip coklat vegan separuh manis, dicincang atau dikelupas

Persediaan

1. Pukul susu bukan tenusu, sirap maple, dan vanila dalam mangkuk besar sehingga sebati.
2. Tuangkan campuran dengan berhati-hati ke dalam bekas pembuat ais krim automatik dan proses mengikut arahan pengilang.

3. Dalam 10 atau 15 minit terakhir, masukkan coklat cincang dan teruskan pemprosesan sehingga tekstur yang diingini dicapai. Nikmati gelato dengan segera atau biarkan ia mengeras di dalam peti sejuk selama sejam atau lebih.

35. Ais krim dengan mentega kacang dan jeli

Bahan

- 2 cawan susu bukan tenusu, kosong, tanpa gula
- ⅔ cawan sirap maple
- 3 sudu besar mentega kacang berkrim semulajadi
- ½ sudu kecil halia kisar
- 2 sudu teh ekstrak vanila tulen
- 6 sudu besar buah tin

Persediaan

1. Pukul susu nondairy, sirap maple, mentega kacang, dan vanila dalam mangkuk besar

sehingga sebati. Berhati-hati tuangkan adunan ke dalam bekas mesin layan diri pembuat ais krim dan proses mengikut arahan pengilang.

2. Masukkan buah tin selama 10 minit terakhir dan biarkan ia sebati dengan aiskrim sehingga tekstur yang diingini tercapai. Nikmati aiskrim dengan segera atau biarkan ia mengeras di dalam peti sejuk selama sejam atau lebih.

36. Krim vegan

bahan-bahan

- 500 ml susu badam
- 40 g kanji jagung
- 50 g gula tepung
- 2 bungkus gula vanila
- 2 biji vanila

1. Untuk puding vanila, potong buah vanila memanjang dan kikis pulpanya. Didihkan 450 ml susu badam, gula vanila, pulpa vanila dan pod vanila. Campurkan gula tepung dan tepung jagung dengan 50 ml susu badam.

2. Sebaik sahaja susu mendidih, keluarkan pod vanila dan kacau dalam adunan tepung gula-tepung jagung. Didihkan dengan api perlahan, kacau sentiasa, sehingga adunan pekat.
3. Krim mengisi Schüsserl dan dibiarkan dibilas lebih awal atau segera dinikmati dalam keadaan panas.

37. Bubur vegan Tsampa

bahan-bahan

- 250 ml susu soya
- 2 sudu besar tsampa
- 5 sudu besar serpihan kelapa
- 2 sudu besar sirap agave
- 1 serbuk vanila
- 1 secubit kayu manis
- Penyediaan buah-buahan (pilihan).

1. Didihkan susu soya untuk puri tsampa dan kacau tsampa dengan pemukul.
2. Campurkan serpihan kelapa, biji chia, sirap agave dan rempah ratus. Biarkan mendidih

sekejap, bubur pekat elok selepas beberapa lama.
3. Potong buah segar (buah tin dan plum) menjadi kepingan kecil dan lipatkannya ke dalam bubur hangat.
4. Rasa bubur Tsampa paling sedap apabila dinikmati hangat!

38. Lempeng raspberi vegan

bahan-bahan

- 250 ml minuman badam
- 1 sudu gula birch
- 1 tin santan
- 1 sudu besar sayur-sayuran
- 150 g tepung ejaan
- 2 sudu besar minyak kelapa (untuk baking)
- 6 sudu besar jem raspberi (untuk memberus)
- 1 sudu teh gula raspberi (sebagai hiasan)
- 1 pakej penyediaan gula vanila bourbon

1. Untuk penkek raspberi, letakkan minuman badam dalam mangkuk. Buka tin santan dan tuangkan cecair ke dalam cawan, simpan pepejal sebagai "krim putar".
2. Campurkan sayur-sayuran ke dalam santan cair dan biarkan ia naik sedikit, kemudian campurkan dalam tepung ejaan, campuran kelapa dan minuman keras badam dan gula birch, ia harus membuat adunan pancake yang baik.
3. Anda mungkin memerlukan lebih sedikit tepung atau cecair. Pukul pejal santan bersama gula vanila menggunakan mixer.
4. Bakar empat pancake dalam kuali yang dipanaskan dengan minyak kelapa. Sapukan dengan jem dan hidangkan dihiasi dengan krim putar kelapa dan gula raspberi.

39. Nasi santan dengan kiwi dan pisang

bahan-bahan

- 300 ml santan
- 100 g beras bijirin panjang
- 1 secubit garam
- 1 sudu teh sirap maple
- 1 keping pisang
- 1 keping kiwi

latihan

1. Untuk nasi santan dengan kiwi dan pisang, masak santan hingga mendidih dan perasakan dengan garam. Taburkan di atas nasi dan masak sehingga empuk (mengikut arahan pakej!).

2. Sementara itu, kupas buah dan potong menjadi kepingan. Perasakan puding beras yang telah siap dengan sirap maple. Tuang ke dalam pinggan dan hiaskan nasi santan dengan hirisan pisang dan kiwi.

40. Pisang bakar yang rangup

bahan-bahan

- 1 keping pisang
- 2-3 helai doh filo (30x31 cm)
- 1 sudu besar jus lemon
- 2 sudu besar walnut (parut)
- 3-4 sudu minyak biji lobak
- 1 sudu besar penyediaan gula pasir

1. Untuk pisang masak yang rangup, panaskan ketuhar pada suhu 200 ° C atas dan bawah. Kupas pisang, potong kepada 4 bahagian yang sama dan taburkan dengan jus lemon.
2. Sapu helaian pastri filo dengan minyak kanola dan letakkannya dipintal di atas satu sama

lain. Potong lembaran doh kepada 4 segi empat sama yang hampir sama.
3. Gulungkan kepingan pisang dalam walnut parut dan letakkan sekeping di tengah-tengah segi empat sama. Lipat di tepi dan letakkan paket di atas kertas pembakar.
4. Sapu dengan baki minyak dan atas setiap satu dengan timbunan kecil gula pasir. Bakar hingga kekuningan dan garing lebih kurang 10 minit.
5. Pisang bakar yang rangup lebih baik dihidangkan hangat dengan ais atau begitu sahaja dengan kopi.

RESEPI KUDAPAN

41. Lidi roti dan keju

bahan-bahan

- 2 keping pumpernickel
- 25 g keju krim skim
- 50 g keju separuh keras, utuh, rendah lemak
- 1/4 timun
- 1/4 epal
- 4 keping tomato koktel
- lada garam
- 2 lidi kayu

latihan

1. Untuk lidi roti dan keju, belah dua hirisan pumpernickel, salutkan hirisan pumpernickel

yang telah dibelah dua dengan 1 sudu besar keju krim, letak satu lagi keping roti di atas, salutkan lagi dengan keju krim, letak hirisan ketiga di atas, salut dengan krim keju dan pumpernickel.
2. Potong bongkah roti menjadi kiub 2 cm. Potong keju keras menjadi kiub yang lebih kecil juga. Potong epal kepada tiga kepingan.
3. Letakkan blok pumpernickel, hirisan timun, kepingan epal, kiub keju dan tomato pada lidi kayu. Kemudian taburkan lidi roti dan keju dengan sedikit garam dan banyak lada yang baru dikisar.

42. Gulung goreng

bahan-bahan

- 12 keping roti bakar (tanpa kulit)
- 200 g cheddar (parut)
- 2 sudu besar mentega
- 2 biji telur
- 4 sudu besar kacang pain (dipanggang)
- garam laut
- Lada dari pengisar) ☐ Untuk pesto:
- 1 balang tomato (kering, 370 g)
- 5 caper
- 25 g kacang pain (panggang)
- 1 ulas bawang putih
- 5 sudu besar minyak (dari balang tomato)
- 50 g parmesan (parut)
- 1 sudu kecil serbuk cili (pilihan)
- garam laut

☐**Lada dari pengisar) disediakan**

1. Untuk roti bakar, mula-mula campurkan semua bahan pesto dalam cawan tinggi dengan pengisar tangan dan perasakan dengan garam laut dan lada sulah.
2. Untuk roti bakar, canai hirisan roti nipis dengan penggiling. Sapukan pesto dengan nipis ke atas permukaan dan kira-kira 1cm bebas dari tepi atas. Sapukan cheddar parut di atas

dan taburkan kacang pain. Gulungkan kepingan roti bakar dengan ketat.
3. Pukul susu dan telur bersama-sama. Cairkan mentega dalam kuali tidak melekat. Celupkan roti gulung yang telah dibakar ke dalam adunan susu dan telur dan kemudian goreng dalam mentega hingga perang keemasan.

43. Burger Turki dan timun

bahan-bahan

- 600 g daging ayam belanda
- 12 helai daun salad

- 1 timun
- 6 sudu besar mayonis
- 6 gulung baguette (atau 1 baguette besar)
- garam
- lada
- mentega (untuk menggoreng)

latihan

1. Untuk burger ayam belanda dan timun, basuh daun salad dan keringkan. Timun dibasuh dan dipotong menjadi kepingan. Perasakan schnitzel ayam belanda dengan garam dan lada sulah. Panaskan mentega dalam kuali dan goreng schnitzel di kedua-dua belah selama 4-5 minit.
2. Keluarkan dari kuali dan potong menjadi jalur. Potong gulung baguette memanjang dan sapukan mayonis pada bahagian bawah roti. Letakkan daun salad dan hirisan timun di atas, ratakan jalur ayam belanda di atas dan tutup baguette semula.

44. Tortilla udang dan articok

bahan-bahan

- 200 g udang (dibersihkan dan direbus)
- 4 articok (acar, tin atau kaca)
- 5 biji telur
- 2 sudu besar jus lemon
- Garam laut (dari kilang)
- Lada (dari kilang)
- minyak zaitun

latihan

1. Siramkan udang dengan jus lemon dan potong articok kepada perlapan. Panaskan sedikit minyak zaitun dalam kuali dan goreng sebentar

udang di dalamnya. Dalam mangkuk, pukul telur bersama garam dan lada sulah, tuangkan ke atas udang dan biarkan seketika. Sapukan articok di atas dan goreng lagi sebentar.

2. Sebaik sahaja bahagian bawah bertukar menjadi coklat keemasan, letakkan tudung pada kuali dan putarkannya supaya tortilla duduk di atas tudung. Biarkan tortilla meluncur semula ke dalam kuali dan masak sebelah lagi sehingga perang keemasan. Bahagikan kepada kepingan kek dalam apa jua saiz dan hidangkan suam atau sejuk seperti yang dikehendaki.

45. Sandwic kelab dengan periuk herba

bahan-bahan

- 100 g quark (lemah)
- 4 keping roti bakar
- 10 biji tomato koktel
- Daun selada
- 2 sudu besar yogurt
- 1 timun
- garam
- lada
- 1 ulas bawang putih
- 1 percikan jus lemon
- Penyediaan herba (dill, daun bawang, pasli).

1. Untuk sandwic kelab periuk herba, kupas separuh pertama timun, parut, perasakan dengan garam dan biarkan ia meresap selama beberapa minit. Kemudian perah air yang mengalir. Sekarang potong ulas bawang putih. Perasakan yogurt dan kuark dengan garam dan lada sulah, masukkan ulas bawang putih yang dicincang dan timun parut dan haluskan dengan jus lemon.
2. Sementara itu, belah hirisan roti dan roti bakar. Potong tomato ceri dan separuh kedua timun menjadi kepingan. Untuk menghidangkan, sapukan krim quark pada separuh keping roti bakar.
3. Sapukan tomato koktel, beberapa hirisan salad dan timun di atas dan akhir sekali tutup dengan sekeping roti bakar kedua dan selamatkan sandwic kelab dengan periuk herba dengan pencungkil gigi.

46. Gulung Strudel dengan ubi keledek

bahan-bahan

- 1 pakej doh strudel
- 1 ubi keledek (besar)
- 1 sudu kecil cili (dicincang halus)
- 1 sudu besar thyme (dicincang halus)
- 1 biji telur
- garam
- lada
- mentega cair)
- 1000 ml minyak bunga matahari (untuk menggoreng) disediakan

1. Kupas dan parut ubi, campurkan dengan bahan yang tinggal dan perasakan dengan garam dan lada sulah.

2. Mentegakan kepingan doh strudel dan letakkannya di atas satu sama lain, potong bulatan atau segi empat sama dari doh, letakkan 1 sudu teh inti di tengah dan tekan hujungnya dengan baik.
3. Goreng gulungan strudel dengan keledek selama lebih kurang. 2-3 minit dalam minyak bunga matahari yang banyak sehingga kekuningan, toskan di atas kertas dapur dan perasakan dengan sedikit garam sejurus sebelum dihidangkan.

47. Snek dengan epal dan lobak merah

bahan-bahan

- 2 biji epal

- 500 g lobak merah
- 1 lemon (jus daripadanya) ▢ 125 ml krim
- 1 sudu teh gula
- 1 sudu kecil bawang besar (dicincang halus)
- garam
- lada
- 2 sudu besar walnut yang disediakan (dicincang).

1. Kupas dan parut epal dan lobak merah.
2. Taburkan dengan jus lemon.
3. Bersihkan bawang dan potong halus.
4. Campurkan krim, gula, bawang, garam dan lada sulah, tuangkan campuran epal dan lobak merah dan kacau perlahan-lahan.
5. Taburkan snek epal dan lobak merah dengan kacang.

48. Kerepek paprika

bahan-bahan

- 2 biji kentang (sederhana)
- 1 sudu besar minyak zaitun
- 1 sudu kecil serbuk paprika
- garam

latihan

1. Untuk cip paprika, kupas kentang dari ketuhar dan hiris nipis dengan pisau pengupas. Lapik loyang dengan kertas parchment. Lumurkan kertas pembakar nipis dengan minyak zaitun. Letakkan hirisan kentang di atas dan sapu sedikit dengan minyak zaitun.

2. Taburkan dengan paprika dan garam. Bakar cip lada dalam ketuhar yang telah dipanaskan pada suhu 220°C selama 6 minit sehingga ia bertukar menjadi coklat.

49. Roti bakar vegetarian

bahan-bahan

- 4 keping roti bakar wholemeal
- 4 sudu besar pesto (Rosso)
- 1-2 biji tomato (matang) 80 g keju biri-biri
- 1 tangan raket
- Ais krim balsamic

latihan

1. Untuk roti bakar vegetarian, bakar 4 keping roti bakar dahulu. Kemudian potong setiap keping roti bakar secara menyerong supaya satu keping roti bakar menjadi dua segi tiga.
2. Sapukan setengah sudu pesto rosso pada setiap dua segi tiga. Hiris nipis keju syurga dan keju biri-biri, tutup setiap 4 segi tiga roti bakar berselang seli dengan lapisan tomato dan lapisan keju biri-biri.
3. Letakkan beberapa titis ais krim balsamic pada lapisan terakhir, edarkan arugula yang telah dibasuh ke atas keempat-empat segitiga roti bakar dan tutup dengan baki empat segi tiga. Susun roti sayuran di atas pinggan dengan sedikit ais krim balsamic dan tomato dan nikmati segera

50. Kerepek kentang goreng

bahan-bahan

- 500 g kentang (biru atau kuning)
- 400 ml minyak (untuk menggoreng)
- Herba (campuran, pilihan)
- garam

latihan

1. Untuk kentang goreng, basuh kentang dengan baik dan keringkan. Kemudian potong kulit memanjang menjadi nipis, sekata dengan penghiris atau penghiris sayur.
2. Basuh hirisan dalam ayak di bawah air mengalir sehingga airnya jernih, kering dan goreng dalam minyak panas sehingga garing.

3. Biarkan kerepek kering sepenuhnya di atas kertas dapur dan kemudian perasakan dengan garam.
4. Perasakan goreng herba dan hidangkan

51. Sos epal merah dan ubi bit

Bahan

- 2 cawan epal yang tidak dikupas, dipotong dadu atau parut
- 1 cawan ceri pitted atau beri campuran
- 1 cawan parut bit yang tidak dikupas
- 1 sudu besar pes kurma

- ½ sudu teh kayu manis
- 2 sudu besar air

Persediaan

1. Masukkan semua bahan ke dalam periuk.
2. Didihkan dan reneh sehingga epal dan bit lembut, 10-15 minit.
3. Tumbuk dengan penumbuk kentang atau proses dalam pemproses makanan untuk konsistensi yang lebih licin.
4. Hidangkan sahaja atau gunakannya untuk menghiasi hidangan Halloween.

52. Lampu epal "Halloween".

Bahan

- 6 biji epal merah
- 1 cawan mentega kacang
- 1 sudu besar pes kurma
- ½ sudu teh rempah pai labu
- 1 cawan granola tanpa minyak

Persediaan

1. Panaskan ketuhar kepada 300-350°F (177°C).
2. Potong bahagian atas setiap epal.
3. Keluarkan bahagian dalam dengan sudu atau baller tembikai. Pastikan dinding tebal.
4. Berhati-hati memahat muka tanglung untuk membuat mata dan mulut.
5. Cairkan mentega kacang dalam periuk sehingga licin dan berkrim.
6. Dalam mangkuk, satukan mentega kacang cair dengan pes kurma dan rempah labu.
7. Sumbat epal dengan campuran mentega kacang dan gantikan bahagian atas epal.
8. Bakar epal pada lembaran penaik selama 10 minit.
9. Letakkan granola dalam epal dan bakar selama 10 minit lagi.
10. Hidangkan segera.

53. Roti Bakar Mentega Badam Ubi Manis dan beri biru

Bahan

- 1 ubi keledek, dihiris setebal setengah sentimeter
- ¼ cawan mentega badam
- ½ cawan beri biru

Persediaan

1. Panaskan ketuhar kepada 350-360°F (177°C).
2. Letakkan hirisan ubi keledek di atas kertas parchment. Bakar sehingga empuk, kira-kira 20 minit. (Anda juga boleh memasaknya dalam

pembakar roti, tetapi anda harus menghidupkannya dengan tinggi selama tiga atau empat kitaran).
3. Hidangkan panas, dihiasi dengan mentega kacang dan cranberry. Simpan baki ubi keledek, tanpa sos, dalam bekas kedap udara di dalam peti sejuk sehingga seminggu. Panaskan semula dalam pembakar roti atau ketuhar pembakar roti dan tutup seperti yang diarahkan.

54. Roti Bakar Avokado

Bahan

- 2 keping roti
- 1 buah alpukat, dihiris
- ½ jus lemon
- 2 sudu besar biji labu
- 1 secubit kepingan lada merah
- 1 secubit paprika salai
- 1 habuk biji bijan
- 1 secubit garam
- 1 secubit lada hitam

Persediaan

1. Roti Bakar.
2. Letakkan hirisan alpukat di atas roti bakar.
3. Taburkan jus lemon ke atas alpukat.
4. Taburkan biji labu, serpihan lada merah, bijan, garam dan lada hitam, secukup rasa.

55. Bar Oatmeal Labu

Bahan

- 3 cawan oatmeal kasar
- 1 cawan kurma tanpa biji
- ½ cawan air mendidih
- 2 sudu teh rempah pai labu
- 1 sudu besar rami tanah atau biji chia
- ¼ cawan hirisan kecil walnut (pilihan)
- ¼ cawan susu berasaskan tumbuhan
- 1 cawan puri labu

Persediaan

1. Panaskan ketuhar hingga 350 darjah F.

2. Potong kurma kecil, masukkan ke dalam mangkuk dan tuangkan air panas ke atasnya. Biarkan ia berdiri selama 10 minit.
3. Masukkan bahan kering ke dalam mangkuk dan gaul rata.
4. Masukkan kurma bersama air, labu dan susu sayuran ke dalam bahan kering dan gaul rata.
5. Lapik lembaran penaik segi empat sama dengan kertas minyak, kemudian tekan adunan dengan kuat ke dalam kuali.
6. Bakar selama 15-20 minit.
7. Biarkan adunan sejuk sepenuhnya di dalam bekas sebelum dipotong menjadi 16 segi empat sama atau 8 bar besar.
8. Simpan di dalam peti sejuk sehingga 7 hari.

56. Oatmeal dan Kuki Epal

Bahan

- 2 cawan oat tanpa gluten
- 2 cawan sos epal
- ½ cawan kismis
- 1½ sudu teh biji chia
- 2 sudu teh kayu manis

Perbicaraan

1. Panaskan ketuhar hingga 350°F (177°C).
2. Dalam mangkuk sederhana, letakkan kesemua 5 bahan dan gaul sehingga sebati. Biarkan ia duduk semasa ketuhar dipanaskan selama 10 minit.
3. Sudukan sesudu timbunan adunan (dialas dengan kertas pacmen) pada helaian biskut. Ratakan perlahan-lahan dan ratakan adunan mengikut saiz dan bentuk yang dikehendaki dengan belakang sudu. Bakar selama kira-kira 25 minit.
4. Selepas dikeluarkan dari ketuhar, pindahkan kuki ke rak dawai untuk menyejukkan.
5. Jangan cuba makan sekali!

57. Minisandía yang lazat

Bahan

- 2 timun lembut
- 1 keping jantung tembikai, sebaik-baiknya padat dan berkilat, dengan minimum biji dikeluarkan
- 1 secubit bijan hitam (dipanggang)

Persediaan

1. Mulakan dengan memotong hujung timun dan kemudian potong sekeping 2" (5 cm) dari setiap hujung.
2. Ketepikan bahagian tengah untuk kegunaan lain (salad, dsb.).

3. Letakkan setiap bahagian separuh bulatan pada hujungnya dan gunakan hujung kecil sudu Paris untuk mencedok separuh sfera daripada setiap satu.
4. Gunakan teknik yang sama untuk mengukir kepingan jantung tembikai yang sama dan letakkannya di dalam timun, rata ke atas.
5. Jika kepingan tidak siram, anda boleh memotong lebihan dengan berhati-hati dengan pisau pengupas.
6. Selesai dengan menekan biji bijan hitam dengan jari anda yang basah dan menyebarkannya ke atas permukaan tembikai.

58. Kacang ayam goreng

Bahan
- 2 15-auns (425 g) tin kacang ayam, dibilas dan toskan
- 1 sudu kecil serbuk bawang putih ▫ 2 sudu kecil serbuk cili
- ½ sudu teh garam laut
- 2 sudu besar jus lemon

Persediaan
1. Panaskan ketuhar hingga 400°F (200°C). Lapik loyang dengan kertas parchment dan ketepikan.

2. Letakkan kacang ayam dalam beg plastik bergelen (liter) dan masukkan perasa. Goncang sebati sehingga bersalut sepenuhnya.
3. Sapukan kacang ayam pedas secara rata di atas loyang yang disediakan.
4. Bakar selama 45 hingga 55 minit, kacau setiap 15 hingga 20 minit supaya kacang ayam masak sama rata, sehingga perang keemasan.
5. Hidangkan panas atau sejuk untuk snek bila-bila masa.

59. Wafel dengan sos epal dan badam

bahan-bahan
- 100 g serpihan oat
- 50 g tepung (seluruh ejaan)
- 10 g biji chia
- 3 g natrium bikarbonat
- 25 g gula birch
- 50 g mentega badam
- 100 g sos epal
- 1 pc. Lemon (organik, kulit parut dan 1 sudu teh jus)
- 50ml susu badam (atau susu berasaskan tumbuhan lain, lebih banyak jika perlu)

latihan
1. Masukkan bahan kering ke dalam pengisar wafel badam sos epal dan kisar sehingga dikisar halus.
2. Campurkan bersama sos epal, jus lemon, kulit limau, mentega badam dan susu badam. Perlahan-lahan masukkan adunan ini ke dalam bahan kering dan gaulkan dengan pengadun tangan. Jika perlu, tambah sedikit susu badam dan perasakan dengan gula birch. Biarkan doh berehat selama 10 minit.
3. Sementara itu, panaskan seterika wafel dan, jika perlu, griskannya.
4. Letakkan 1 sudu besar doh di tengah-tengah wafel, tutup dan bakar wafel dengan sos epal dan badam selama kira-kira 2 minit.

60. Tembikai sejuk ais pada sebatang

bahan-bahan
- 1/4 buah tembikai
- Penyediaan batang kayu

1. Mula-mula, potong tembikai, jika perlu, dan potong menjadi segi tiga kecil dengan kulitnya.
2. Lekatkan sebatang kayu ke dalam setiap bahagian di bahagian bawah dengan mangkuk. Jika kerak terlalu ketat, gunakan pisau untuk membuat celah.
3. Letakkan hirisan tembikai di dalam peti sejuk sehingga beku sepenuhnya.
4. Tembikai pada batang sudah siap. Tetapi anda juga boleh mencelupkannya ke dalam yogurt atau coklat.

RESEPI SUP

61. Sup krim berangan

bahan-bahan

- 1 biji bawang besar (kecil)
- 1 sudu besar minyak
- 400 g buah berangan
- 1500 ml sup sayur-sayuran
- 200 ml krim putar
- 1 biji kentang (jika perlu)
- thyme
- 1 secubit garam
- 1 secubit lada

- 1 secubit penyediaan buah pala (parut).

1. Untuk sup krim berangan, kupas buah berangan segar (atau, jika anda mahu ia cepat, keluarkan buah berangan yang telah dikupas dari kuali).
2. Kupas bawang merah dan potong kecil. Potong buah berangan yang telah dibersihkan.
3. Goreng sedikit bawang merah dalam minyak zaitun. Masukkan buah berangan dan goreng sebentar.
4. Tuangkan sup, tambah thyme dan biarkan semuanya mendidih selama kira-kira 30 minit.
5. Kemudian masukkan krim dan biarkan mendidih lagi.
6. Sup krim berangan dengan puri pengisar tangan dan perasakan dengan garam dan lada sulah.

62. Kubis merah berkrim dan sup epal

bahan-bahan

- 6 biji bawang
- minyak
- 500 g lobak merah
- 2 kg kubis merah
- 4 epal (ekar)
- 500 ml wain merah
- 300 g kolak blueberry
- 2 cawan krim
- garam
- lada
- 1 secubit buah pala
- 1 kiub sup
- Disediakan dengan cuka wain merah

1. Kupas dan cincang kasar bawang. Panaskan minyak dalam periuk 9 liter dan goreng bawang sehingga perang.
2. Sementara itu, bersihkan lobak merah, potong menjadi kepingan tebal dan masukkannya ke bawang.
3. Keluarkan daun luar kubis merah yang tidak sedap dipandang, suku kubis, keluarkan batang yang keras dan potong kubis menjadi mi halus atau dihiris. Kupas epal, potong menjadi kelapan dan keluarkan intinya.
4. Goreng sebentar kubis dan epal dengan lobak merah dan bawang, kemudian deglaze dengan wain merah, tambah sedikit air dan segala-galanya selama kira-kira 30 minit sehingga lembut.
5. Pada akhirnya, masukkan kompot blueberry, ketepikan sebahagian besar cecair dalam periuk kedua dan puri sayur-sayuran. Toskan kembali cecair, isi dengan air mengikut kepekatan yang diingini dan rebus semula sebentar.
6. Campurkan krim dengan satu atau dua sudu sup sehingga rata dan kacau ke dalam sup.
7. Perasakan secukup rasa dengan garam, lada sulah, buah pala dan kiub stok, perasakan dengan percikan cuka wain merah jika mahu.

63. Tafelspitz dengan sos buah sawi

bahan-bahan

- 800 g daging lembu rebus
- 4 lobak merah
- 1 daun bawang
- 1 ubi (s) saderi (kecil)
- 2 biji bawang
- 4 daun salam
- 10 buah juniper
- 2 ulas
- 10 biji lada
- 2 kiub stok daging Untuk sos sawi:

- 1/2 cawan puri Mostarda (dengan buah campuran)
- 100 g krim masam
- 2 sudu besar mayonis (ditimbun)
- 1/3 sudu teh serbuk kari
- 100 ml krim putar
- garam
- lada

latihan

1. Tutup daging lembu yang telah dimasak dengan banyak air. Pada mulanya, keluarkan buih dengan kerap.
2. Sementara itu, bersihkan lobak merah, daun bawang, saderi dan bawang besar dan potong dua. Masukkan sayur-sayuran dengan daun bay, buah juniper, bunga cengkih, lada dan kiub stok, tambah sedikit lagi air jika perlu. Tutup dan masak dengan api perlahan sehingga sayur empuk.
3. Angkat ini dan simpan. Tutup dan masak daging sebelum takat didih sehingga ia juga empuk.
4. Penyediaan sos: $\frac{1}{2}$ cawan puri Vanini Mostarda dengan buah-buahan campuran dengan krim masam, mayonis, kari; Gaulkan garam dan lada

sulah. Pukul bahagian atas sehingga pekat dan campurkan ke dalam sos.

5. Keluarkan daging lembu yang telah dimasak dari sup, potong lebih kurang. Hiris setebal 1cm dan panaskan dalam mangkuk.
6. Panaskan semula sayur-sayuran sebentar di dalam sup, kemudian susunkannya dengan daging di atas pinggan dan tuangkan sedikit sup ke atasnya. Adalah lebih baik untuk menghidangkan sos secara berasingan.

64. Sup akar putih berkrim

bahan-bahan
- 3 biji ubi
- 3 keping akar pasli
- 3 biji kentang (kembang, kecil)
- 2 ulas bawang putih
- 1 biji bawang merah
- 500 ml sup sayur-sayuran
- garam
- Lada (dari kilang)
- beberapa masakan soya
- pasli (untuk taburan)
- sesuatu yang disediakan daripada minyak biji sesawi

1. Kupas parsnip, akar pasli, kentang dan potong menjadi kiub besar untuk krim sup akar putih. Bersihkan dan potong bawang merah dan ulas bawang putih dan tumis dalam minyak.
2. Masukkan sayur akar dan goreng sebentar. Kemudian masukkan stok sayur dan masak sehingga sayur empuk. Tumbuk sayur dan tapis melalui ayak. Perasakan secukup rasa dengan garam, lada sulah dan kicap.
3. Boleh tambah sup sayur jika sup terlalu pekat. Biarkan kembali mendidih, susun sup akar putih berkrim dalam pinggan dan taburkan pasli cincang dan lada parut yang baru.

65. Sup selada air

bahan-bahan
- 4 biji kentang (bersaiz sederhana, bertepung)
- 1 biji bawang
- sedikit minyak
- 2 genggam selada air
- 2 sudu kecil garam (diratakan)
- 4 cawan (e) air (250 ml) disediakan

1. Untuk sup selada air, bersihkan dahulu kentang dan bawang besar dan potong kecil.
2. Peluh kedua-duanya dalam sedikit minyak panas dalam periuk dan kemudian masukkan 4 cawan air. Biarkan ia mendidih lebih kurang 15 minit.
3. Sekarang masukkan 3/4 daripada selada air ke dalam sup dan puri dengan pengisar tangan.
4. Pada akhir, masukkan garam secukup rasa dan hiaskan sup selada air dengan baki selada air sebelum dihidangkan.

66. Sup kentang dan kohlrabi

bahan-bahan

- 1 kg kentang
- 1 keping kohlrabi
- 1-2 l sup sayur-sayuran
- 2 ulas bawang putih
- 1 sudu besar halia (kisar)
- 1 sudu besar serai (dikisar)
- 1 sudu besar biji jintan manis (kisar)
- sedikit garam
- 2 sudu teh penyediaan marjoram (parut).

1. Untuk sup kentang dan kohlrabi, kupas kentang dan potong menjadi kiub besar. Kupas dan cincang kasar goli-rave.
2. Masukkan kedua-dua jenis kiub ke dalam kuali dan tuangkan sup secukupnya ke atasnya sehingga ia tertutup dengan baik dan rebus di dalamnya. Semasa memasak, perah bawang putih ke dalam sup.
3. Apabila semuanya lembut, keluarkan kuali dari api dan perasakan dengan rempah. Tumbuk semuanya dengan baik dan, jika perlu, tambah sedikit sup atau tambah beberapa rempah.

67. Sup bayam dan tauhu

bahan-bahan
- 75 g tauhu
- 50 g bayam (segar)
- 250 ml sup sayur-sayuran
- 1 sudu besar kicap
- lada
- garam

latihan
1. Untuk sup bayam dan tauhu, masak stok sayur hingga mendidih. Potong tauhu kepada kiub 5x5mm dan masukkan ke dalam sup mendidih bersama kicap.

2. Kecilkan api dan reneh selama 2 minit. Potong bayam dan masak selama 1 minit, kacau perlahan-lahan.
3. Perasakan sup bayam dan tauhu dengan garam dan lada sulah dan hidangkan.

68. Sup buih bit merah

bahan-bahan
- 500 ml jus bit
- 200 g krim soya
- 1 sudu besar serbuk sup sayuran
- pasli (dicincang)
- Lada (dari kilang)
- Penyediaan garam perasa

1. Untuk sup buih ubi bit, masak jus ubi bit bersama serbuk sup sayur hingga mendidih. Kemudian masukkan krim soya dan perasakan dengan garam dan lada sulah.
2. Pukul dengan pengisar tangan sehingga anda mendapat buih yang bagus. Bahagikan antara mangkuk sup dan taburkan pasli cincang. Sup ubi bit dihidangkan.

69. Sup sayur-sayuran tanpa natrium

Bahan

- 2 biji bawang kuning, dihiris
- 3 ulas bawang putih, cincang
- 6 biji lobak merah, dibersihkan dan dipotong menjadi kepingan
- 4 batang saderi, dihiris
- 5 tangkai dill
- 4 tangkai pasli
- 4 teh
- 10 cawan air

Persediaan

1. Masukkan bawang ke dalam periuk besar dengan api sederhana dan kacau sehingga wangi, kira-kira satu minit. Masukkan bawang putih, lobak merah, saderi, dill, pasli dan teh dan masak selama kira-kira seminit sehingga herba mengeluarkan wangian mereka.
2. Masukkan air dan biarkan mendidih. Kecilkan api, tutup periuk dan masak selama 45 minit.
3. Tutup api dan biarkan kuahnya sejuk lebih kurang 15 minit.
4. Tapis kuahnya melalui ayak dan bekukan dalam baldi ais atau tuangkan ke dalam balang mason jika digunakan dengan segera. Ia akan kekal selama seminggu atau lebih.

70. Sup epal-lobak merah-halia

bahan-bahan
- 1 biji bawang besar (besar)
- 2 ulas bawang putih
- 250 g lobak merah
- 1 ubi halia
- 1/2 biji lemon (jus)
- 1 epal
- 125 ml wain putih (kering) ▫ 500 ml sup sayur-sayuran
- 1 sudu besar minyak rapeseed

☐ garam**latihan**

1. Untuk sup epal-lobak merah-halia, kupas bawang merah, bawang putih, lobak merah, halia dan epal dan

   potong kecil-kecil. Taburkan epal yang telah dikupas dengan jus lemon.

2. Tumis sebentar bawang dan bawang putih dalam sedikit minyak, deglaze dengan wain dan tuangkan sup sayur-sayuran. Kemudian masak lobak merah dalam sup dengan api sederhana sehingga lembut.

3. Masukkan epal dan halia dan masak selama 1 hingga 2 minit. Tuangkan sup epal-lobak merah-halia dan perasakan dengan garam.

RESEPI SOS

71. Gnocchi dengan sos tomato dan basil

bahan-bahan

- 1 biji bawang besar
- 1 sudu teh minyak zaitun
- 1 tin tomato puri (400 g)
- lada garam
- 1 pakej gnocchi (produk siap, 500 g belum masak)
- air
- garam
- 20 g parmesan

☐ 10 helai penyediaan daun selasih

1. Untuk gnocchi dengan sos tomato dan basil, cincang halus bawang. Peluh kepingan bawang dalam minyak zaitun. Tuangkan tomato di atas, perasakan dengan garam dan lada dan masak selama beberapa minit.
2. Sementara itu, letakkan gnocchi dalam banyak air mendidih masin dan masak mengikut arahan pakej, kemudian toskan.
3. Susun gnocchi dalam pinggan dalam, tuangkan sos tomato di atasnya, hidangkan dengan Parmesan parut dan taburkan dengan daun selasih yang koyak kasar.

72. Sos barbeku

bahan-bahan

- 1 biji bawang
- 2 ulas bawang putih
- 1 ubi halia (kecil)
- 1-2 lada panas
- 2 tangkai thyme
- 2 tangkai rosemary
- 1 sudu kecil biji ketumbar (kisar)
- 100 g gula (perang)
- 2 biji oren (jus)
- 1 lemon (jus)
- 2 sudu besar sos Worcestershire
    500 g sos tomato (atau puri tomato)
- 1 sudu besar mustard tarragon
- 1 sudu besar serbuk paprika (asap atau biasa)
- garam
- lada

☐ minyak

zaitun**latihan**

1. Untuk sos BBQ, kupas dahulu bawang merah, bawang putih dan halia dan gaul bersama cili

dalam pemproses makanan hingga menjadi pes halus.
2. Panaskan sedikit minyak zaitun dalam periuk. Masukkan pes bersama rempah, herba dan gula dan peluh selama 5 minit. Deglaze dengan jus oren dan lemon dan kurangkan sedikit.
3. Masukkan sos tomato, mustard, sos Worcestershire dan paprika dan reneh selama kira-kira 30 minit.
4. Lulus sos BBQ melalui ayak dan perasakan dengan garam dan lada sulah.

73. Sos herba sejuk

bahan-bahan

- 200 ml krim
- 100 g mayonis
- 1 ulas bawang putih (dicincang halus)
- 1 sudu teh mustard
- 50 g timun
- 1 sudu besar daun kucai (dicincang)
- 1 sudu besar pasli (dicincang)
- 1/2 sudu teh borage (timun dicincang)
- 1/2 sudu teh dill (dicincang)
- 1/2 sudu besar lemon balm (dicincang)
- 1/2 sudu teh Lustock (cincang lustock)
- 1/2 sudu teh tarragon (dicincang)
- garam
- gula
- Disediakan dengan lada putih

1. Campurkan krim dengan mayonis. Parut timun pada parut atau potong sangat halus (dengan pisau). Campurkan dengan bawang putih dan mustard. Campurkan semua herba yang dicincang halus. Perasakan secukup rasa dengan garam, gula dan lada putih.

74. Kentang goreng dengan sos hijau

bahan-bahan

- 100 g herba masakan
- 125 g kuark
- 1 cawan yogurt (1.5% lemak)
- Garam perasa
- lada
- 500 g kentang
- 1 sudu besar mentega
- 2 biji telur

latihan

1. Basuh, keringkan dan bersihkan herba jika perlu. Ketepikan sedikit herba untuk dihidangkan, selebihnya dicincang halus.
2. Campurkan quark dengan yogurt dan tambah herba. Perasakan dengan garam dan lada sulah.
3. Didihkan kentang dalam periuk air dan rebus sehingga masak. Kemudian bersihkan dan potong menjadi kepingan.
4. Panaskan mentega dalam kuali dan goreng hirisan kentang sehingga perang keemasan.
5. Sementara itu, rebus telur dalam periuk air sehingga menjadi lilin. Kemudian bersihkan dan potong dua.
6. Sapukan sos hijau pada dua pinggan, atas dengan separuh telur dan hidangkan kentang goreng di sebelah. Ia dihidangkan dengan taburan herba.

75. Blitz Sos Tomato

bahan-bahan

- 1 sudu besar minyak zaitun
- 1/4 biji bawang
- 1 ulas bawang putih
- 850 g tomato (potong dadu, tin)
- 1 sudu besar pes tomato
- 1/2 tangkai selasih
- garam
- Penyediaan lada (dari kilang).

1. Mula-mula bersihkan dan potong bawang besar dan bawang putih.
   Petik selasih dan potong.

2. Tumis bawang merah dan bawang putih dalam minyak zaitun. Masukkan pes tomato dan tuangkan ke atas tomato.
3. Reneh selama kira-kira 15 minit untuk membenarkan tomato pecah dan mengurangkan sos.
4. Untuk sos yang lebih halus tanpa ketulan, ia boleh ditapis dan/atau ditapis.
5. Perasakan sos dengan garam, lada sulah dan basil.

76. Sos labu

bahan-bahan

- 1 keping bawang merah (sederhana)
- 1 pc. Labu (Hokkaido kecil)
- 175 g Philadelphia (herba, krim berganda)
- 200 g makan tengah hari (herba)
- Latihan Gerbang Matahari (Pembendang Perisai).

1. Kami membersihkan bawang, potong halus dan goreng dalam sedikit minyak. Labu dipotong menjadi kiub dan digoreng.

2. Tuangkan sedikit air (maks. 125 ml) dan rebus perlahan-lahan.
3. Tumbuk labu lembut dengan penumbuk kentang, masukkan keju krim, perasakan dengan garam, lada sulah dan rempah panas (mungkin dengan cili).
4. Jika perlu, cairkan dengan sedikit susu.

77. Sos paprika buah

bahan-bahan

- 2 biji lada (merah)
- 1 lobak merah
- 1 buah tomato daging
- 1 biji bawang besar (kecil)
- 1 epal
- 1/4 sudu teh garam
- 1 keping halia (kecil)
- 200 ml air
- oregano
- Kunyit

latihan

1. Untuk sos paprika buah, lada potong dadu, lobak merah, tomato, bawang dan epal. Masukkan rempah dan halia dalam periuk air dan kukus.
2. Jangan puri sehingga halus dengan pengisar tangan supaya tinggal beberapa ketul.

78. Sos tomato dengan sayur-sayuran

bahan-bahan

- 2 kg tomato
- 100 g Zeller (dikupas)
- 2 pcs. Bawang besar
- 3 biji epal
- 3 lobak merah
- 1 tandan herba
- 5 sudu besar minyak zaitun
- 1 penyediaan (kecil) ubi bit

1. Untuk sos tomato, rebus tomato dalam air panas supaya lebih mudah dikupas.

Selepas mengupas, potong separuh dan keluarkan sebanyak mungkin bahagian dalam tomato.
2. Potong sayur-sayuran lain, goreng dalam minyak zaitun, masukkan kepingan tomato dan biarkan mendidih selama kira-kira 1 jam.
3. Kemudian keluarkan sekumpulan rempah (saya sentiasa menggabungkan beberapa thyme, oregano, sage dan rosemary) dan puri sos.

79. Sos tomato Sepanyol

bahan-bahan

- 5 biji tomato (masak sepenuhnya)
- 1 lada sulah (dibuang biji dan dihiris halus)
- 4 ulas bawang putih (tumbuk)
- 3 sudu besar badam (kisar)
- 2 cl sherry (kering)
- garam
- 1 sudu teh gula
- 1/8 l minyak zaitun
- lada

latihan

1. Untuk sos tomato, kupas dan potong dadu tomato dan tumbuk bersama badam, bawang putih dan cili.
2. Masukkan minyak zaitun perlahan-lahan dan perasakan sos tomato dengan sherry, garam, lada sulah dan gula.

80. Labu Pedas dan Sambal Kelapa

bahan-bahan

- 1 sudu besar minyak masak
- 1/2 biji bawang besar (dicincang halus)
- 500 g labu (dikupas, dipotong dadu)
- 1 lobak merah (besar, parut kasar)
- 1 akar pasli (akar pasli, dicincang kasar)
- 1/4 ubi saderi (parut kasar)
- Garam perasa (cth Vegeta; secukup rasa)
- 1/2 sudu kecil serbuk cili (ditutup)
- 1 kotak penyediaan santan (tanpa gula).

1. Panaskan minyak dalam kuali dan goreng hirisan bawang di dalamnya.

2. Masukkan labu, lobak merah, pasli dan saderi dan tumis. Masukkan sedikit garam dan 1 cawan air. Biarkan ia mendidih selama kira-kira 10 minit.
3. Sebaik sahaja sayur-sayuran itu keras untuk digigit, taburkan serbuk cili ke atasnya dan tuangkan santan ke atasnya.
4. Gaul rata sebelum dihidangkan dan tambah garam jika perlu.

81. Sos epal merah dan bit

Bahan

- 2 cawan epal yang tidak dikupas, dipotong dadu atau parut
- 1 cawan ceri pitted atau beri campuran
- 1 cawan parut bit yang tidak dikupas
- 1 sudu besar pes kurma
- ½ sudu teh kayu manis
- 2 sudu besar air

Persediaan

1. Masukkan semua bahan ke dalam periuk.

2. Didihkan dan reneh sehingga epal dan bit lembut, 10-15 minit.
3. Tumbuk dengan penumbuk kentang atau proses dalam pemproses makanan untuk konsistensi yang lebih licin.
4. Hidangkan sahaja atau gunakannya untuk menghiasi hidangan Halloween.

82. Blueberry dan sos oren

Bahan

- Kulit dan jus oren
- ½ cawan sirap maple
- 1 beg (12 oz - 340 g) cranberi merah segar
- 1 sudu teh kayu manis

Persediaan

- Dalam periuk kecil, masukkan semua bahan dan biarkan mendidih. Kecilkan api dan reneh selama 15 minit atau sehingga blueberry pecah dan sos mula pekat.
- Pindahkan ke dalam mangkuk dan sejukkan sehingga sejuk, sekurang-kurangnya sejam.

83. Sos beri biru

Bahan

- 1 liter (946 ml) jus epal
- ¼ cawan sirap beras perang
- ¼ cawan sirap maple
- 8 sudu besar kepingan agar-agar
- 3 cawan cranberi merah mentah
- 1 sudu teh kayu manis
- 1 biji limau nipis, gunakan jus lemon dan parutan kulit
- 1 secubit garam laut (pilihan)

Persediaan

- Campurkan jus epal dengan sirap beras, sirap maple dan kepingan agar dalam periuk 3 liter. Didihkan dan kacau untuk mencairkan habuk.
- Keluarkan cranberry dan kayu manis apabila suhu sejuk. Tutup dan masak sehingga cranberry lembut, kira-kira 10 minit.
- Angkat dari api, tambah jus lemon dan kulit.
- Tuangkan semuanya ke dalam bekas kaca atau acuan dan sejukkan; ia sepatutnya mengambil masa hampir dua jam untuk sos kranberi untuk memekatkan.

84. Jem tomato pedas

Bahan
- 4 cawan anggur atau tomato ceri, dibelah dua
- ¼ cawan sirap maple tulen
- 2 ulas bawang putih, cincang
- 1½ sudu teh jintan putih atau secukup rasa
- 1 sudu teh cili merah yang baru dicincang (pilihan)
- ½ sudu teh lada merah ditumbuk atau secukup rasa

Persediaan
1. Dalam periuk sederhana, gabungkan tomato yang dibelah dua dan sirap maple di atas api

sederhana sederhana. Masak selama lima minit atau sehingga tomato mula mengeluarkan jusnya, kacau sekali-sekala.
2. Masukkan bawang putih, jintan manis, halia, cili merah (jika guna), lada merah kisar dan garam laut. Campurkan semuanya dengan baik dalam kuali dan rebus. Kecilkan api kepada rendah, tutup, dan reneh selama 30 hingga 35 minit, kacau setiap 5 hingga 10 minit.
3. Keluarkan penutup dan reneh selama 5 hingga 10 minit untuk mengeluarkan sedikit cecair yang berlebihan. Keluarkan adunan dari api dan biarkan ia sejuk. Pindahkan ke dalam balang kedap udara dan sejukkan sehingga seminggu.

85. Sos tartar vegan

bahan-bahan
- 50 ml susu soya
- 100 ml minyak rapeseed
- 1/2 sudu teh jus lemon
- 2 sudu teh mustard
- 30 gram jeruk
- 20 g caper
- 1 sudu besar pasli (dicincang)
- 1 sudu teh gula
- garam
- lada

latihan
1. Untuk sos tartar, cincang halus jeruk dan caper. Tuangkan susu soya, minyak dan jus lemon ke dalam balang pengisar. Kisar dengan pengisar tangan sehingga berkrim (lebih kurang 30 saat).
2. Campurkan krim dengan jeruk, caper, mustard, pasli, gula dan lada. Masukkan garam dan gula secukup rasa. Sos tartar sesuai dengan cendawan bakar.

STESEN DAN SANGAT UTAMA

86. Brokoli Burrito

Bahan

- 1 tandan brokoli (kira-kira 2 cawan)
- 1 tin 15-auns (425 g) kacang ayam
- ½ cawan lada merah panggang
- 3 sudu besar jus lemon
- 6 tortilla (tepung atau bebas gluten)
- 6 sudu besar sos (lebih kurang secukup rasa)

Persediaan

1. Potong atau pecahkan brokoli menjadi korsase. Bersihkan batang dan potong menjadi kepingan setebal 1/2 inci (1.2 cm). Kukus mereka di atas air mendidih sehingga lembut, kira-kira 5 minit.
2. Toskan kacang ayam dan masukkan ke dalam pemproses makanan dengan lada dan jus lemon. Proseskannya sehingga tiada ketulan yang tinggal.
3. Gulung kira-kira 1/4 cawan campuran kacang ayam ke dalam telur dadar dan letakkan menghadap ke atas dalam kuali panas yang besar. Panaskan tortilla sehingga lembut, kira-kira 2 minit.
4. Sapukan garisan brokoli yang dimasak melalui bahagian tengah tortilla dan tuangkan sedikit sos ke atasnya. Lipat bahagian bawah tortilla ke atas, kemudian pada satu sisi, gulungkan tortilla di sekeliling brokoli. Ulang langkah 3 dan 4 dengan tortilla yang tinggal.

87. Terung dan cendawan dengan hazelnut

S.O.S

Bahan

- 1 biji terung besar
- 1 biji bawang kuning kecil
- 1 bungkusan 12-auns (340 g) cendawan (putih, merah tua atau kecil Portobello)
- ½ cawan sup sayur atau air
- Garam laut secukup rasa (pilihan)

Untuk Sos

- ⅓ cawan mentega kacang asli
- ¼ cawan air atau sup sayuran rendah natrium
- 1 sudu teh sirap agave

- 1 sudu besar kicap rendah natrium (gunakan kicap tanpa gandum jika anda sensitif kepada gluten)
- 1 sudu besar cuka balsamic

Persediaan

1. Potong terung menjadi kepingan kira-kira 1 inci (2.5 cm) dan rendam dalam air masin yang mencukupi untuk menutup selama 15 minit. Sementara itu, potong dan cincang halus bawang, bahagikan cendawan kepada empat bahagian. Dalam air, masak bawang sehingga lembut. Bilas terung dan toskan. Kembalikan terung dan cendawan ke dalam kuali dengan cecair rendaman terung. Tutup dan renehkan sehingga terung empuk (5 hingga 10 minit). 7
2. Keluarkan sirap agave, kicap dan cuka apabila adunan licin dan berkrim dan gaul sehingga adunan kembali bebas berketul.
3. Tuangkan sos dari kuali ke atas sayuran tumis. Reneh dan kacau sehingga sos menjadi pekat, salutkan sayur-sayuran yang berisi selama satu atau dua minit. Hidangkan nasi panas dan kacang kukus atau sayur-sayuran hijau lain dengan pilihan anda.

88. Fettuccine dengan brokoli dan kacang pain

Bahan

- 1 kilogram brokoli
- 8 auns fettuccine (gunakan pasta bebas gluten jika anda sensitif gluten)
- 4 tomato besar, dipotong dadu (atau tin 28-auns tomato cincang)
- 2 sudu besar kacang pain
- 4 ulas bawang putih besar, cincang
- ¼ sudu teh garam (pilihan)
- ¼ sudu kecil serpihan lada merah (atau secubit cayenne)

Persediaan

- Brokoli dibahagikan atau dipotong menjadi korsaj; bersihkan dan potong batangnya. Kukus brokoli lebih kurang 5 minit sehingga empuk.
- Rebus pasta sehingga lembut. Toskan dengan cepat dan bilas.
- Semasa pasta masak, goreng bawang putih, serpihan lada merah atau cayenne dan kacang pain di dalam air selama 1 minit. Masukkan tomato dan masak selama 7 minit dengan api sederhana. Masukkan brokoli.
- Canai pasta dan tutup dengan sos di atas pinggan besar. Hidangkan segera.

89. Doh pizza dengan gandum utuh dan hitam

kekacang

Bahan

- ¾ cawan kacang hitam (kira-kira ½ daripada tin 15-auns atau 425 g)
- ⅓ cawan air
- 1⅔ cawan air suam
- 1¼ sudu besar gula (atau pemanis pilihan, pilihan tetapi disyorkan untuk memberi makan yis)
- 2¼ sudu teh yis
- 1½ cawan tepung roti
- 1 cawan tepung gandum
- ½ sudu teh garam (pilihan)

Persediaan

1. Bilas dan toskan kacang, kemudian haluskan dalam pengisar atau pemproses makanan dengan 1/3 cawan air sehingga tiada ketulan. Tambah air mengikut keperluan (saya tambah 1 sudu pada satu masa).
2. Pukul air panas, gula, yis dan kacang tumbuk bersama.

3. Ayak bersama tepung dan garam, masukkan perlahan-lahan ke dalam adunan yis (jika tidak menggunakan mesin roti, gaulkan semasa anda memasukkan adunan tepung).
4. Uli sehingga doh menjadi elastik, biarkan ia naik dan tutup sekurang-kurangnya sejam.
5. Bentukkan doh pizza menjadi loyang yang tidak digris dan digris ringan.
6. Letakkan bahan dan sos atau sos pada doh yang telah dibentuk.
7. Bakar selama 20 minit (atau sehingga bahan masak).

90. Bawang Putih Bayam

Bahan

- 1 tandan besar bayam segar
- 3 ulas bawang putih
- 1 sudu teh cuka
- Air atau stok sayuran rendah natrium untuk menumis

Persediaan

- Basuh bayam.
- Kupas dan cincang bawang putih.
- Tumis bawang putih dalam air atau sup sayur dengan api sederhana sehingga lembut.

- Masukkan bayam ke dalam kuali panas. Gunakan penyepit untuk memusingkan bayam sehingga layu.
- Taburkan cuka dan lada hitam dan hidangkan.

91. keledek!

Bahan

- 2 hingga 3 keladi atau ubi keledek (keladi merah membuat hidangan yang sangat berwarna-warni)
- 2 hingga 3 epal
- 1 sudu besar jem atau taburan buah (100% buah, tanpa gula tambahan, pic, oren atau nanas)
- ½ cawan jus oren

Persediaan

1. Panaskan ketuhar kepada 300-350°F (177°C).
2. Kupas dan hiris nipis ubi keledek dan epal.
3. Satukan taburan buah dan jus oren.

4. Letakkan ubi keledek dan epal di atas dulang pembakar.
5. Tuangkan adunan oren ke atas ubi keledek dan epal dan tutup dengan penutup atau aluminium foil.
6. Bakar selama 45 minit pada suhu 350°F (177°C).
7. Ubi akan siap apabila mudah ditusuk dengan garfu.

92. Kentang tumbuk bersama bawang putih

Bahan

- 8 biji kentang merah sederhana
- ½ sudu teh lada hitam
- 10 hingga 12 ulas bawang putih segar
- 1 hingga 2 cawan air kentang
- 1 cawan susu bukan tenusu tanpa gula
- Air atau stok sayuran rendah natrium untuk menumis
- Garam atau lada sulah secukup rasa (pilihan)

Persediaan

1. Potong kentang kepada kelapan (biarkan kulitnya).
2. Tutup dengan air dan reneh dengan api sederhana sehingga lembut, kira-kira 15 minit.
3. Kupas, hancurkan dan cincang ulas bawang putih.
4. Tumis bawang putih dalam periuk kecil dengan air atau sup sayur sehingga lembut. Letakkannya.
5. Toskan kentang rebus di atas mangkuk untuk mengumpul air anda.
6. Dengan menggunakan penumbuk tangan atau pengadun elektrik, tumbuk kentang. Masukkan secawan air dari kentang dan masukkan garam, lada sulah dan tumis bawang putih.
7. Tambah lebih banyak air kentang atau susu mengikut keperluan untuk mencapai konsistensi berkrim.
8. Hidangkan puri dengan segera atau simpan di dalam ketuhar panas bertutup sehingga sedia untuk dimakan.

93. Kentang Bakar Sumbat

Bahan

- 2 kentang Russet atau Yukon (kentang kuning), setiap satu kira-kira 8 auns (227 g)
- 1/3 cawan susu bukan tenusu, kosong, tanpa pemanis
- 4 sudu besar hummus, tanpa minyak
- 1 cawan sayur rebus dan cincang

(bawang, brokoli, kembang kol, dll.)
- ½ sudu teh sos panas
- ½ sudu teh garam halal (pilihan)

Persediaan

1. Panaskan ketuhar kepada 300-375°F (190°C). Sediakan kentang untuk dibakar dengan membasuhnya dengan baik dan memasukkan garfu atau pisau beberapa kali supaya asap keluar semasa proses membakar.
2. Bakar selama kira-kira sejam, atau sehingga empuk apabila dimasukkan dengan garfu. Keluarkan dari ketuhar dan biarkan berehat sehingga cukup sejuk untuk dikendalikan. Potong kentang memanjang.
3. Keluarkan bahagian dalam kentang dengan sudu dan letakkan di dalam mangkuk, berhati-hati agar tidak memecahkan kulitnya. Biarkan pinggir kecil kentang utuh untuk sokongan.
4. Biarkan kulit kentang yang telah disediakan di atas loyang.
5. Campurkan bahagian dalam kentang dalam mangkuk dengan bahan-bahan yang tinggal dan satukan dengan teliti. Tuangkan adunan

semula ke dalam kulit kentang secara rata sehingga setiap separuhnya bulat dan hampir melimpah. Masukkan semula ke dalam ketuhar dan bakar sehingga dipanaskan, kira-kira 15 minit. Keluarkan dari ketuhar dan hidangkan segera.

94. Nasi kari

Bahan

- 1 biji bawang besar dicincang
- 5 atau 6 cawan beras perang yang telah dimasak
- 2 sudu kecil serbuk kari

- 1 bungkusan 16 auns (454 g) kacang polong dan lobak merah beku, dikukus dan ditoskan
- Garam (pilihan) dan lada sulah secukup rasa
- $\frac{1}{4}$ cawan kismis, dikisar
- $\frac{1}{4}$ cawan badam mentah, dihiris dan dibakar

Persediaan

1. Tumiskan bawang yang telah dihiris dalam kuali kering tidak melekat sehingga perang keemasan. Tambah sedikit air jika perlu untuk mengelakkan bawang melekat pada kuali.
2. Masukkan beras perang yang telah dimasak, serbuk kari, kacang pis kukus dan lobak merah ke dalam bawang emas. Gabungkan mereka dengan baik.
3. Perasakan dengan garam (pilihan) dan lada sulah. Masukkan gabungan nasi kari kismis dan badam dan hidangkan segera.

95. Kentang tumbuk

Bahan

- 3 paun kentang, campuran merah dan kuning (Yukon Gold)
- ½ genggam pasli
- ¼ cawan yis pemakanan
- ½ sudu teh lada hitam
- 2 cawan susu badam asli
- ½ sudu besar serbuk bawang
- 1 sudu teh bawang putih yang ditumbuk

Persediaan

1. Basuh dan potong kentang menjadi kepingan besar kira-kira saiz yang sama. Letakkannya dalam periuk besar dan tutup dengan air dan reneh sehingga lembut, 7 hingga 10 minit. Sementara itu, basuh dan potong pasli.
2. Periksa kentang dengan pisau; Mereka harus meluncur di antara mereka apabila mereka sudah bersedia. Toskan mereka. Nikmati wap muka.
3. Masukkan semula kentang ke dalam periuk panas. Biarkan mereka mengukus supaya mereka mengeluarkan sedikit cecair. Tambah bahan-bahan yang tinggal: pasli, susu badam, yis pemakanan, garam, lada, serbuk bawang, bawang putih berbutir. Gunakan penumbuk kentang untuk menumbuk semuanya bersama-sama. Cuba puri untuk menyesuaikan perasa.

96. Pengisian tradisional

Bahan
- ½ cawan stok sayuran
- 1 sudu besar sos soya rendah natrium atau tamari
- 4 cawan bebas gluten atau kiub roti gandum
- ½ cawan bawang cincang
- 1 cawan saderi cincang
- 1 sudu yis pemakanan
- ½ sudu teh perasa ayam
- ½ sudu teh serbuk bawang putih
- ½ sudu teh pasli kering

Persediaan
1. Panaskan ketuhar hingga 350F.

2. Dalam mangkuk kecil, campurkan biji rami yang dikisar dengan air dan ketepikan selama 10 minit.
3. Dalam mangkuk besar, satukan setiap bahan kering.
4. Potong dan hiris nipis epal ke dalam bekas.
5. Masukkan puri labu, ekstrak vanila, biji rami berasaskan air dan pes kurma epal dan gaul rata.
6. Satukan bahan kering dan gaul rata dengan epal. Jika adunan terlalu kering, masukkan air.
7. Dalam kuali yang sesuai, masukkan adunan dan bakar selama 30-35 minit.

97. Pengisian Quinoa Pilaf

Bahan
- ½ sudu teh sage
- 1 sudu teh thyme
- 1 sudu teh rosemary
- ½ cawan nasi liar
- 1 ½ cawan quinoa
- 1 cawan beras perang atau campuran beras
- ½ cawan jus oren yang baru diperah
- 2 ½ cawan sup sayur-sayuran
- ½ garam laut
- 1 cawan lobak merah parut
- 1 cawan biji delima (pilihan)
- 1 cawan gooseberry (pilihan)

Persediaan
1. Panaskan periuk dengan api sederhana.
2. Masukkan rempah ke dalam periuk dan goreng selama 30 saat.
3. Masukkan beras liar, quinoa dan beras perang dan kacau selama 1 minit.
4. Masukkan jus oren, stok sayuran dan garam laut dan gaul rata.
5. Didihkan, tutup dan kecilkan api ke sederhana rendah dan masak selama 45 minit.
6. Angkat dari api, masukkan lobak merah dan buah dan hidangkan.

98. Kaserol Bayam dan Sayuran Pantas

bahan-bahan

- 1000 g daun bayam (segar)
- 1 ubi adas
- 1 lada benggala (merah)
- 200 g tomato ceri
- 1 biji bawang merah (merah)
- 2-3 ulas bawang putih
- 1 genggam kacang pain
- Minyak zaitun (extra virgin)
- garam
- lada

latihan

1. Untuk Kuali Cepat Bayam dan Sayur, basuh sayur, susun bayam.

Kupas bawang merah dan bawang putih. Potong adas dan bawang. Keluarkan batang dan biji dari lada benggala dan potong kecil. Potong bawang putih menjadi kepingan.

2. Panaskan minyak zaitun, tumis bawang besar, masukkan adas, bawang putih, lada benggala dan tomato dan goreng semuanya. Masukkan bayam segar dan biarkan ia hancur. Bakar kacang pain dalam kuali tanpa lemak tambahan sehingga wangi dan taburkan bayam dan sayur-sayuran di atas kuali.

99. Nasi ejaan dan rebusan lobak merah

bahan-bahan 200 g beras eja
- 475 ml air
- 1 lobak kuning
- 1 lobak merah
- 1 ubi (s) saderi
- 2 batang saderi
- 2 biji bawang merah
- 2 ulas bawang putih
- 4 tangkai thyme
- 1 biji lemon
- 3 sudu besar minyak bunga matahari
- garam
- lada

latihan
1. Bersihkan sayur-sayuran, bawang merah dan bawang putih dan potong menjadi kiub kecil, ketepikan daun dari batang saderi. Gosok kulit limau, perah jusnya
2. Letakkan kepingan sayur-sayuran dan rebus dengan 500 ml air, perasakan dengan garam dan rebus lebih kurang. Sepuluh minit. Ia kemudiannya disalirkan melalui ayak dan digunakan sebagai sup sayur-sayuran untuk rebusan.

3. Didihkan nasi di dalam stok sayur, kemudian reneh selama 20-25 minit, toskan (tapis sup) dan ketepikan.
4. Panaskan minyak bunga matahari dalam periuk besar dan goreng perlahan-lahan sayur thyme tanpa menukar warnanya. Tuangkan baki stok sayuran dan reneh sehingga lembut.
5. Campurkan sayur-sayuran yang telah dimasak dengan nasi yang dieja dan perasakan dengan jus lemon, garam dan lada sulah.
6. Susun rebusan dalam pinggan dalam dan hiaskan dengan kulit lemon dan sayur saderi.

100. Kari kentang hijau dengan kacang

bahan-bahan
- 700 g kentang (berlilin)
- 250 g kacang pea (beku) ⬜ 800 ml santan
- 2-3 sudu besar karipap hijau Thai
- 2 batang serai
- 2 helai daun limau kefir
- 1 tandan ketumbar (segar)
- 1 lada panas (hijau)
- 1 biji limau purut hijau (organik)

⬜ garam**latihan**

1. Untuk kari kentang dan kacang hijau, masak pes kari hijau sehingga mendidih dalam

santan, kacau beberapa kali untuk menghasilkan sos yang pekat dan berkrim.
2. Bersihkan kentang dan potong lebih kurang. 1 cm kiub.
3. Perah serai supaya minyak pati yang terkandung di dalamnya terlepas dengan lebih baik.
4. Rebus kentang dalam kuah kari serai dan daun liemtten sehingga lembut. Sebelum tamat masa memasak, masukkan kacang pea dan masak sebentar. Kami perasakan kari dengan jus dan sedikit kulit limau dan garam. Keluarkan daun limau purut dan serai.
5. Basuh dan petik daun ketumbar dan gaul dengan kari. Hidangkan kari kentang hijau kacang panas dengan nasi basmati.

KESIMPULAN

Tiada siapa yang mengubah tabiat makan mereka dalam sekelip mata. Badan dan minda memerlukan masa untuk menyesuaikan diri dengan perubahan. Jika anda ingin mencuba, mulakan dengan memilih hari yang melaksanakan pilihan yang mengikut kriteria diet berasaskan tumbuhan dan meningkat secara beransur-ansur pada hari ini.

www.ingramcontent.com/pod-product-compliance
Lightning Source LLC
Chambersburg PA
CBHW050413120526
44590CB00015B/1943